Lydia Condrea

A LA RENCONTRE AVEC L'HORIZON

Paint with Words Press

2024

Prélude

On est géant

on est minuscule

on a tant à dire

on n'a pas appris à parler

on n'est jamais à l'horizon

on est toujours dans le moment

les deux nous fuient

ce monde veut-il toujours entendre

ce que je n'ai pas su dire

ce qu'il n'a pas pu comprendre ?

Dédicace

Aux gens que j'ai connus

aux gens qui m'ont connue

que j'ai compris ou mal compris

qui m'ont comprise ou mal comprise

à la vie qui continue.

Carte d'identité

Je suis une plante moi

arrachée par le sort

les racines tenant toujours au sol

elles ont tissé

      tout un filet

           autour du globe entier...

arrosée par les larmes de ma mère

soutenue par l'exigence de mon père

encouragée par la présence de ma sœur

nourrie par les plaisanteries de mon cousin

attendrie par les caresses de mes enfants

appuyée sur les soins de mon mari

réchauffée par la douce terre chérie

           que j'adore et je fuis

me voilà devant vous aujourd'hui.

On y va ?

— Dis-moi,
    aimes-tu cette lumière-là
    qui surgit au-dessus de l'horizon ?
    Veux-tu y aller avec moi ?
— Quelle lumière ?
    Je ne vois rien loin là-bas.
    Et même si je la voyais,
    je ne l'atteindrais jamais !
— Oui, c'est vrai...
    Pourtant, c'est tellement captivant,
    l'horizon à l'horizon !

Corps de vers

Le titre marche en tête...
les pensées
      tant bien que mal pensées
            s'alignent derrière
                  les émotions avivées
            qui dansent autour
      des idées spontanées
et leur donnent des vertiges...

après
les idées
les émotions
les pensées
paradent dans un corps de vers
le titre en tête.

Codru sous la Lune

En ce temps-là
où les sensations devenaient images
où les images se transformaient en mots
où les rêveries saisissaient en proie
les pensées refusant de penser
en ce temps-là
où la Lune était l'une
à nous veiller
où la poussière sentait la forêt
où la forêt sentait le sol des sentiers
infinis
formidables
perdus sous la Lune…

en ce temps-là nous étions là.

A Chișinău

Ma ville

mon amour

mes espoirs

mes doutes

mes attentes

mes peines

mon esprit

ma solitude

ma ville

ma vie…

La complaisance

Je suis entrée dans une maison
et j'ai fermé la porte derrière moi
il y faisait chaud...
avec le temps seulement
j'ai commencé à me sentir différemment
avec le temps
je me suis rendu compte
que la douceur y était trop douce...
une fois ayant respiré à pleins poumons
j'ai fait la découverte d'une odeur
        étrange
           étrangère
      qui n'était pas la mienne
   mais c'était l'odeur de ma vie
au fond
ce n'est pas toujours
que l'on respire à pleins poumons.

A la recherche du temps où l'on chantait

Plus de poésies ? pourquoi ?

a-t-on fait fausse route ? et quand ?

alors qu'on a douté

        pour la première fois ?

alors qu'on a prétendu que c'était la voie ?

alors qu'on a choisi

        de suivre le même chemin

                tout en sachant

    qu'il menait nulle part ?

ou bien alors que la chanson s'est tue

en nous demandant

pourquoi il n'y avait plus de poésie d'autrefois ?

L'espace et le temps

Bercés par l'espace
        cajolés par le temps
                ensorcelés par la chanson
                            qui est vieille
                      qui est banale
                qui est belle
elle est là
elle nous tente
elle nous mène
par ses ruses éternelles
                    des soupirs
                          des joies
                des flatteries parfois
et nous
        on la chante
                en remerciant
                      l'espace et le temps.

Un couple étrange

On est entourés
        de débris de promesses
        de problèmes
        de regrets non pas énoncés

on est accablés
        par les efforts
                pleins de maladresse

on marche à tâtons

on est coincés…

un couple étrange
qui auparavant croyait savoir se taire ensemble.

Rêve ou réalité ?

Je vis dans le monde des paroles

elles me fascinent

elles me provoquent

elles me gâtent un peu

parfois elles viennent à ma rencontre

parfois elles me suivent

et dans ce rêve-là

elles étaient de tous côtés

elles me parlaient

elles se prononçaient à ma place

et moi je souriais

soûle de joie

je leur disais

que je ne voulais pas me réveiller…

le matin venu hélas j'ai dû

faire face à la réalité.

Face à la réalité

Quand la vérité se déshabille

le mensonge cherche un coin

il est tenté de se cacher

de peur de ne pas avoir le courage

de confronter la réalité

dévoilée par la vérité

qui a ôté tous ses vêtements

qui paraissaient auparavant lourds et somptueux

ou d'avoir l'audace de ne pas accepter

sa réflexion dans les yeux de la vérité

tout en contemplant les images de la réalité

illuminer les vêtements soyeux

que la vérité a laissé tomber

                sur les dalles de l'univers.

La rupture

La fleur
       la tige coupée
qui garde des images du passé
            dans ses pétales affaiblis
la coupure
       desséchée
            ne saigne même plus...
deux personnes en peine
            qui se laissent menées
                  par le vent de la vie
qui ne se cramponnent plus
            aux rêves perdus
                  ni aux débris
            de ce qu'ils ont vécu
mais aux pétales de la fleur
            qui les implore
                  de ne pas la jeter dehors.

Le soulagement

Une promesse
    qui paraissait
        une forteresse
           et que la mer a emportée...

merci la mer pour ta sagesse !

Le pendule qui pendule dans la pendule

On entend pleurs du vent
existence
c'est le temps qui balance
ses regrets dans le pendule.

Le temps qui fait du toboggan

Où suis-je ?
    que fais-je ?
        où vais-je ?
            que sais-je
                de l'existence
                    de la vérité
                de l'amitié
            de l'amour
           de la patience
        de la confiance
de cette cadence ralentie
            du temps passé
                et de celui à venir ?

Le poids du jamais

Jamais on n'est restés
      au bord de la mer
           ni au sommet d'une montagne
jamais on n'a regardé
      un coucher de soleil
on n'a jamais passé une nuit sous le ciel
           tremblant comme deux amoureux
                les plus banals
                    les plus heureux
et tous les deux on a toujours adoré
           le délice amer du jamais.

Quelle embrouille !

Un silence prolongé

écartant les nostalgies

le brouillard des images éloignées

les images du brouillard qui m'entoure

l'insistance du doute

la fatigue de l'esprit

le silence obstiné des nostalgies écartées

pas une seule lueur

dans mon cœur ça brouillasse

une existence embrouillée…

- Eh bien ! Débrouille-toi !

La routine

On se dépêche

on court

on hésite

on se précipite

on ignore

on oublie

on est perdu

on est rendu à la merci

      des allées et venues

on regarde en arrière

          pour mieux voir en avant

                avant de s'aventurer

à la reprise du temps à vivre.

La vie

Avec une grande vitesse

ça coule

ça s'écoule

ça dégringole

ça farandole

ça grimace

et moi ça valse.

Mendiant... mendier

Chaque poète est mendiant,

chaque poète est chercheur

    de limpidité,

        de bonne volonté,

            de bonheur.

— Comment le sais-tu ?

— C'est que j'écris de la poésie.

  Je fais l'aumône de mon bonheur

      et puis,

         totalement épuisée,

            je mendie.

  Je prends ce que l'on me tend,

  je dépends de la charité,

  je me régale de cet état dénudant

            de mendiant.

PS : Je demande pardon aux mendiants dans la rue car je n'ai jamais souffert de la faim.

Le mendiant

On lui tend des petits sous

lui il prend l'aumône

      et il parle sans que l'on l'écoute

il en est conscient

cependant il doit bien le dire

son mot de remerciement

ses vœux qui bénissent le monde

car lui il sait être reconnaissant

il le sait per se

par le fait même qu'il est

tellement dépourvu

de tant de délices du bien-être

et c'est lui qui suit les moindres gestes du sort

qui les apprécie et qui porte en lui la joie d'être.

On a beau avoir l'intention

Un jour une fleur a poussé sous ma fenêtre

il faut que je l'arrose

        demain je vais le faire...

le lendemain

      je jette un coup d'œil par la fenêtre

              je suis pressée

         il y a un pétale par terre...

quelques jours après

        l'arrosoir à la main

je plains les pétales de la fleur

              parsemés autour d'elle

ils sont frêles

ils sont beaux

les pétales d'une fleur

que le vent a semée sous ma fenêtre un matin...

L'esprit qui rôde à la recherche de l'espoir

Il est déterminé

Il avance d'un pas décidé

il sait pourtant

qu'il va se heurter

inévitablement

contre un petit truc

pas du tout important

mais après

il va se lever

pour continuer

son chemin vers les rêves

et il va persévérer

guidé par l'espoir

nourri par le goût de la vie.

Hymne aux ailes

C'est quoi ça ?

que peut-on faire avec ?

ça a un nom

ça m'étouffe

le nom est très court

le nom est bien vieux...

    ne

        le

            pro

              non

                ce

                    pas !

— Si ! C'est l'a...m...o...u...r...

merde !

je le déchire en deux

        je le déchire en trois

            je le déchire en mille morceaux

    je le mouds en poudre !

                      je m'en débarrasse…

une miette minuscule reste au fond

                                  un rien du tout…

je la regarde de plus près :

les voilà tous mes efforts en un petit amour ailé !

Le printemps en hiver

Une plante qui reverdit en janvier...

quelques feuilles sèches s'y tiennent toujours

mais elle pousse

      elle ne se donne même pas la peine

            de les secouer

      elle persiste

      elle continue

      elle est.

Les ondes du silence de la musique

Eclats de musique

débris d'idées

débris de musique

éclats d'idées   s

                                u

                                s

                                p

                                e

                                n

                                d

                                u

                                s

révèlent

    la proximité de la marge

    le respect envers le sort

    la vénération de l'intention

    l'éternité du chemin à faire…

Peur du bonheur

On est dans le royaume de la bonté
        où les reproches n'existent pas
    où la sérénité est reine
où règne l'amour
tel simple mot magique
un mot à craindre.

La joie d'être

Une marguerite
      cachée dans les herbes
            qui poussent autour d'elle
ses pétales nous sourient
      ses pétales si frais
            si rayonnants
                  si petits
jouissant des jours comptés
      de leur vie ensoleillée
            courte qu'elle est.

Le pendule qui pendule dans la pendule

Tiens chéri ! les étoiles nous sourient !

existence

c'est le temps qui balance

son éveil dans le pendule.

Hymne à l'amour

On peut faire semblant
        de ne pas reconnaitre l'amour
on peut le faire taire
on peut le cacher
on peut s'en cacher
on peut tâcher de l'oublier
le laisser traîner dans un coin
on peut s'imaginer pouvoir l'abandonner
mais on ne peut pas s'en passer.

Tableau du bonheur

Il nous faut

de la fantaisie et beaucoup de fleurs

pourquoi des fleurs ?

parce que fleurs c'est poésie

pourquoi de la fantaisie ?

parce que fantaisie c'est couleurs

ainsi

avec de la fantaisie à couleurs

et avec beaucoup de fleurs

on pourrait peindre le bonheur.

Un horaire impeccable

On va sans doute gérer le temps

on va

                venir

                              partir

                                            attendre

on va penser à ce que l'on va faire

dans quelques heures

le jour suivant

une semaine après

le mois de mai

l'année prochaine...

on va démarrer certains projets...

et qu'est-ce qu'on va faire des secondes ?

Couleur café

Pensées couleur café

nouvelles couleur café

effet couleur café

malentendu couleur café

rendez-vous couleur café

café couleur café crème dans une tasse blanche.

Le même café

La même table
           les mêmes fleurs aux fenêtres
le même plafond
           d'herbes séchées
les mêmes dalles du plancher
           aux carreaux gris
les mêmes soucis…

    nouvel espoir
           que l'on entrevoit
                    au bout du couloir.

Chez les bonnes gens

En laissant en tout lieu
                      des morceaux de leurs cœurs
les bonnes gens
           parsèment
                cette planète
                        de bonheur...
chez les bonnes gens
on prépare
un repas de gala
quand il y a quelqu'un
                qui s'en va
chez les bonnes gens
on chante
on danse
on pleure
les jours de bonheur
les jours de douleur

chez les bonnes gens
    on laisse les oiseaux
        s'envoler de leurs cages
            le printemps...

N'essayez pas
    de faire partir
        votre ami ailé en hiver
            car il risque de se geler
faites comme on fait chez les bonnes gens...

et encore
avant d'oublier
je vous transmets ce conseil :
« respectez le pouls de la marée ! »

A l'atelier de mon oncle

Des visages
       des visages
              des visages de toutes parts…

chaque visage - une vie
une histoire vécue
parfois interrompue
parfois menée jusqu'aux plus mûres années
jusqu'au temps
où le pas devient lourd
où la passion se transforme en sagesse
où l'on se rappelle à peine l'ivresse
des amours de printemps
où l'on verse l'amour fondu en douceur
       dans la rivière de la jeunesse
qui se jette dans l'océan des vies à suivre
       et les imbibe de tendresse.

Une ville trempée

Il y a des flaques
                par-ci par-là
il y a des gens
                par-ci par-là
il y a des couples
                qui se promènent
                          se tenant par la main
                                    par-ci par-là
il y a des fleurs
                beaucoup de fleurs
                          p a r t o u t.

Hymne à l'humeur

Elle se balade dans les rues et sur les avenues

parfois

elle s'attriste

elle pleure

puis elle rit

elle sourit

elle se réjouit des petits rien du tout

elle court

elle bondit

elle apprécie la vie

elle le fait pour moi

par moi

malgré moi

et après

sans préambule

elle s'arrête et commence à me parler

à me taquiner et à me conter des histoires.

Le secret d'être

A-t-il un nom ?

Oh non

ni nom

ni prénom

ni heur

ni peur

beaucoup de peine vaine

ni chance

ni bon sens

ni excusez-moi

ni je t'en prie

ni le Grand Prix

pour ceux qui l'ont appris.

Hymne au bonheur

Les années

        tournent

                autour

                        des

            secondes

une seconde forge des années

le temps

    l'espace

        le chat qui dort à côté

            et nous deux face à l'infini

quand les fleurs éclosent
quand le cœur conseille le corps
quand l'esprit survit
un soupir vaut toute une vie.

Notre monde

Tant que les fleurs te sourient
        tant que tu peux les voir
tant que les fleurs me sourient
        tant que je peux les voir
le monde y est pour toi
        le monde y est pour moi
            le monde y est pour nous

ton monde : mon monde

tes espoirs : mes espoirs

tes peines : mes peines

mes soucis : tes souffrances

mes caprices : ta douceur

mes joies : ton bonheur

mes nuits blanches : ta patience

mes fantaisies : ta présence.

La clôture

Une clôture à épines
  entre l'âme et le monde imaginé
une clôture impossible à franchir
on devrait savoir voler extrêmement haut
afin de pouvoir voir au-delà de ce mur clos
et moi
une fois
j'ai entrevu le monde de là-bas
après avoir fait
  une simple enjambée
 au-dessus de la clôture

c'était dans un de mes rêves.

Le pendule qui pendule dans la pendule

Frémissements légers des nuages

tels des bateaux prêts du voyage

existence

c'est le temps qui balance

sa confiance dans le pendule.

Très très loin

On est déjà si loin
    à une distance effrayante
on compte
   les jours
   les heures
   les secondes
il paraît qu'il ne reste plus rien
sur
  cette
    piste de dés
      étirée
        dans
          l'espace
 tout semble
 diminuer
 se dissiper…
 derrière nous notre monde s'efface…

très

        très

                loin

avec

        une

                éminente

                        clarté

je vois

        un poirier

            une corde à sauter

                une jolie rose

et nos enfants

            regarder

                  leur cousine

courir

        après

              le

                    train.

Face à l'éternité

Mon corps et mon cœur ne vont plus ensemble

car mon corps s'éloigne

et mon cœur reste sur place

le tapis de notre vie

on ne devrait plus l'étendre

on devrait le soigner

le protéger du mauvais temps...

    et dans l'espoir d'y aboutir

    j'entre par une petite porte

    qu'on peut à peine voir

    toute tremblante

    je me dis :

    « rien ne presse

    on a toute la vie ! »

A Seattle

Cette ville qui pleure chaque hiver
cette ville qui est devenue la nôtre
      la ville de notre fille
           la ville de notre fils
                la ville qui nous lie
par les rues trop connues
      par les chats dans les fenêtres
           par les souvenirs chéris
la ville qui nous lie
la ville qui reste là
en regardant la nuit le ciel infini
      et qui
           avant de s'endormir
                voit les mêmes étoiles
qu'une autre ville d'à travers l'océan.

Un jour comme tous les autres

Rien de spécial

rien de passionnant

une pluie comme une pluie

en automne à Seattle

un ciel gris

des arbres au tronc mouillé

des enfants aux vêtements trempés

des idées comme des idées

des pensées comme des pensées

dépensées par l'esprit bouleversé

obsédé par les images du passé

dérangé par la lumière du jour

consolé par la pluie.

Une pluie à aimer

Il pleut
  mais il pleut à torrents
et moi
  j'aime cette pluie
    oh comme je l'aime
      cette pluie !
une lueur apparaît
  là où je dois aller
    où je veux arriver
et je ne sais pas
  comment
    je vais passer
      sous la pluie
 je vais être toute trempée
je sais quand même
que je l'aime
cette pluie.

L'élan poétique d'une soirée banale

On peut entendre les tasses
        qu'on entasse sur le comptoir
on peut voir les jeunes filles
        courir avec leurs ordres
on peut saisir quelques paroles ici et là
on peut observer les gens
        s'entretenir
                méditer
                      se fâcher parfois
un jeune homme qui suit son amie
                        à pas comptés
        apparemment
                ils se sont bagarrés
et un chien dans un coin
le plus philosophe de tous
qui regarde d'un air indulgent
tous ces gens avec leur va-et-vient.

L'aube au centre-ville

Deux pigeons dodus
contemplant les gens qui passent...
    les gens ne les regardent pas
    ils marchent
    ils courent
    ils prennent le bus
    ils ratent le bus
    ils sont pressés...
mais eux ils sont tellement à l'aise
ces deux pigeons dodus
au milieu de la rue
souhaitant à tous ces gens
        une belle matinée...
    et les gens ne vont avoir aucune idée
            pourquoi
    ils auront passé
        une merveilleuse journée.

Petit Thomas

Parfois Thomas, il ne dort pas,
mais pas du tout, petit Thomas.
Alors il veut parler à sa maman :
— Maman, tu n'as pas sommeil, n'est-ce pas ?
— Si, Thomas, j'ai trop sommeil, mais je vais jouer avec toi ! - dit maman et s'endort avec Thomas dans les bras...
Lui, il la mordille, petit Thomas...
il lui mord le menton, il lui mord le bras,
et puis il rit, petit Thomas,
petit Thomas, gentil Thomas...
— Viens jouer avec moi, petit Thomas !
On va courir, rire, sauter ! Allons, Thomas,
laissons dormir la petite maman !...

Tiens, il s'est endormi, petit Thomas,
dans les bras si mous de sa maman...

Hymne au travail

Un homme peint un mur

ses mouvements sont sûrs et mesurés

même un peu lents on dirait

il s'agenouille puis il se lève

vêtu en blanc

assez âgé

une barbe grise

il s'essuie la face

il remet ses lunettes

et il continue son boulot

il ne sait pas à quel point il est beau.

Les bouts des pensées emmêlées

— Ça y est ! C'est tout ! On ne délire plus !
Les derniers soucis
nous ont ouï jurer que c'était fini,
le dernier mot dit,
les dernières fantaisies
lâchées,
cachées,
pressées,
à clé fermées…
com-me-me-me-me ça !
— En voilà une !
— Ça alors ! Est-il possible qu'elle se soit libérée ?
— Regarde, encore un morceau de quelque chose qui pend là !
— Et à dire que tu as promis que c'était pour la dernière fois !

— Je t'en prie, pardonne-moi !

— Mais t'as juré !

— Tiens, voilà encore un bout !

D'abord, ensuite et enfin

On commence

par avoir peur de sa propre ombre

ensuite

on trouve le moyen de se cacher derrière

enfin

on ne parvient plus à s'y retrouver.

Le moment

— Où vas-tu tellement pressée ?
— Je veux attraper le moment !
— Attends !
— Il faut que je me dépêche !
— Quel moment ?
— Le moment qui vient de passer.

Le tôt et le tard

Le tôt et le tard se sont réunis

dans le but de voir s'il n'était pas trop tard

pour s'entendre plutôt tôt.

Le tôt a dit : « On va voir plus tard ! »

Le tard est tombé d'accord :

« A bientôt !»

Le tôt, le tard et le trop tard

Le tôt et le tard
    se sont donné encore un rendez-vous
le tôt n'osait pas se prononcer
        attendant qu'il se fasse plus tard
le tard se taisait
        car il estimait
                qu'il était trop tôt
le tôt
    en silence
        observait
            le tard
et ils sont restés ainsi
en bonne compagnie du longtemps
jusqu'à l'arrivée du trop tard.

Le cafard

Trouble… inquiétude… déprime… trouble…
un cercle vicieux… je cherche la lumière…
d'un pas mesuré je m'approche de la fenêtre…
j'entrouvre les rideaux… il pleut…
je referme les rideaux… je me fais un café…
le temps passe… je cherche l'espoir…
non… je ne cherche rien… je bois mon café…

Un cafard sort du coin. Il se lave la moustache.
Un fou rire me prend. Je me lève. Je m'élance
vers la fenêtre. J'ouvre les rideaux. On me
verse de la lumière plein la chambre !
Je me tourne vers le coin…

                    Il n'y a plus de cafard.

Une baliverne

On se voit jeudi

je dis

jeudi

à midi

toi et moi et lui

et encore quelques amis

nous tous

jeudi

à midi

quand ?

jeudi ?

jeudi

je dis.

Encore une baliverne

Oh !

quelle pluie !

quel ennui !

zut !

je n'ai pas pris mon parapluie !

Louis

est-il chez lui ?

non !

il n'est pas chez lui

et moi

je reste sous la pluie sans parapluie !

Ivraisie ou poévresse

    par un pauvre poévrogne

Me voilà devant vous une fois de plus

vous inondant de torrents de mots

en avez-vous besoin ?

sinon

pourriez-vous les balayer

s'il vous plaît

et les porter à une boîte à ordures ?

je vous en remercierais

en vous envoyant

des avalanches de mots de gratitude.

Hymne au quotidien

Bruit de la ville

mouvement éternel

actions prévues

actions imprévues

rencontres

rendez-vous

surprises

remarques inattendues

caprices

malices

espoirs naïfs

attentes

une porte entrouverte

silence

qui se glisse par la fente

et ne trouve plus place

auprès du bruit de tous les jours.

Perpetuum mobile

Mes soins et besoins

mes peurs et doleurs

mes non et mes oui

mes bon gré mal gré

mes si et mercis

ici présents

et mon être

au printemps les marches du sort montant

en été

      en compagnie des papillons le sol frôlant

en automne sur un beau tapis marchant

en hiver scrutant l'envers

de mes si et mercis

de mes bon gré mal gré

de mes non et mes oui

de mes peurs et doleurs

de mes soins et besoins !

L'euphorie de l'illusion

De temps en temps

on se sent surmené

par la fuite du temps …

on n'a pas le temps

de chercher le temps

qu'on a pris le temps

de laisser passer…

    Non

        il n'est pas perdu

            le temps !

    c'est son fil que l'on va trouver

    et puis un gué dans la fuite du temps

    pour la traverser à temps !

Un collage de belles images

On se donne du mal pour arrêter le temps...

hélas

c'est le temps

il est impitoyable

tantôt souriant

      agissant en bon enfant

                tantôt dédaignant

un certain état d'humeur lui est assez

      pour décider de notre sort

et nous on ne peut pas le dépasser...

mais avec l'âge

si l'on est sage

on peut se faire un collage

de belles images.

Une nuit blanche à aimer

Une feuille blanche
        un terrain blanc
                une rafale de vent
                        portant
                        la neige
                        qui descend
                        à gros flocons
une pluie de sentiments
qui tombe à verse
un océan de paroles
        qui refusent de rester là où l'on les met
                possédées par l'idée
        de se prosterner
        sur une feuille blanche
à travers un terrain blanc
        pendant une nuit blanche.

L'inspiration

Ce souffle insistant qui vient dévastant mon âme
et puis
        quelle ironie
                il la fait chanter…
serrée dans les bras puissants
                de cette maladie
                      qu'on appelle poésie
je chante
je ris
je pleure
j'ignore alors la notion du temps…
et tout ça
        toute cette agitation
                porte le nom d'inspiration !
qu'elle soit bénie
qu'elle soit blâmée
elle me vient et moi je n'y peux rien.

La frénésie de la création

Les mots se bousculent
    ils apparaissent
        on ne sait pas d'où
on se heurte
   les uns
      contre
        les autres
   tout ce monde bizarre
des pensées
    bien pensées
        mal pensées
     confondues
   égarées
oubliées...
    retrouvées...

        on avance !

des idées

        des fantaisies

            des mots : petits bateaux

      des mots : ciel parsemé d'étoiles

des mots : une mer soûle

                et moi au-dessus

ramant

      parmi

        les débris

            de paroles

                idées

              fantaisies

nous voilà surpris

en flagrant délit

de faire de la poésie.

Messagers appliqués

Les mots qui tombent sur la page

                        comme la neige

                        comme la pluie

                        comme la nuit

                        sur les champs

la couvrant

    d'un doux embrassement incessant

les mots qui s'allongent à même la feuille

            impatiente de les accueillir

et de les passer

       à qui va

              éventuellement

                           les lire.

Un mot perdu

Il est où ?

il était comment ?

de quelle couleur était-il ?

s'est-il caché ?

oh ! non !

c'est pas possible !

il s'en est allé !

    il s'est envolé !

        il s'est enfui

            tel un papillon de nuit !

Les beaux mots

Dis-moi où les beaux mots vont hiberner
                                          et après
                            au printemps
                    vont-ils retourner?
vont-ils me prendre sur leurs ailes
                             pour me porter
dans le royaume enchanté
                 de belles fleurs
                     de belles pensées
                         de beaux jours?
ou bien ils vont toujours rester cachés
                             au-delà de ma portée?

Une acceptation totale

Elle ne me vient plus
     l'inspiration
cette énigme
ce mystère
qui fait toujours comme bon lui semble
elle peut rester assez longtemps
puis disparaitre sans avertissement
elle peut me torturer
       pendant des heures
         par sa présence
    et puis même plus
        par son absence
et moi je n'ai qu'à suivre ses caprices
à me laisser faire
en me délectant de chaque parole
ou en ne disant mot.

Le cache-cache

Une feuille intacte
            qui reste toujours intacte…
je la flatte
je lui souris
je la supplie…
je suis en quête de l'inspiration qui était là…

      en éclairs éparpillés
            elle se fait voir
                  puis disparaît
            avant que je puisse la toucher…
je me précipite à sa poursuite
      je suis à un cheveu de la rattraper…
un mouvement de côté :
            quelle surprise !
                  elle me court après !

L'amitié c'est quoi ?

C'est un numéro de téléphone
    égaré quelque part
      au fond de la mémoire
  qu'on forme au moment de désespoir
c'est un café noir
    dans une aérogare
c'est une photo
   prise dans la grisaille du matin
      promettant une belle journée
c'est un pot de fleur en fleur
c'est un pêle-mêle
de nouvelles idées et de vieilles nouvelles
et patati et patata qui n'arrête pas.

La voix de mon amie

Les soupirs de la mer qui caresse le sable

et qui lui donne des claques de temps en temps

les cris du vent

    qui plie les arbres vers le sol

        car il fait mauvais temps...

le chuchotement des feuilles

    (entre elles soit dit)

        qui ravive la nostalgie...

au-dessus des soupirs du vent

au-dessus de la chanson éternelle de la mer

au-dessus du chuchotement

    des feuilles des arbres

        pliés vers le sable

au-dessus du mauvais temps

la voix de mon amie

    traverse l'océan

        et me nourrit.

Le levain de l'amitié

Des oui

des non

des si

des pourquoi

attention

patience

présence

pas de fin jusqu'à la fin.

Une nuit d'hiver

Frimas capturé par le ciel
                         qui se penche vers moi
un étrange reflet d'un rêve difforme
                         dans le miroir de verglas
son rire montant vers les nuages
                         débordant de gel
l'unique peuple de la nuit déserte.

La mort du temps

Des moments non pas vécus

des années

des mois

des semaines

des jours

qui s'écoulent

par années

par mois

par semaines

par jours

par heures

par minutes

par secondes

par moments à ne pas saisir

et le destin qui s'écroule

et qui nous tombe dessus à notre insu.

L'eau qui fait rouler la pierre

Le temps qui passe

le temps qui presse

le temps qui s'écoule…

soins

problèmes

préoccupations

parfois des solutions

      et le temps passait

bonnes nouvelles

mauvaises nouvelles

de temps en temps

des lueurs de joie

      et le temps passait

plus de nouvelles

ni bonnes ni nouvelles

plus de mouvement

                            car le temps a passé

    le temps passé

    le temps écoulé

    le temps perdu

    le temps regretté

    le temps qu'on a laissé passer.

Je me cherche

                                                                             je

                                                ne

                               me

              trouve

pas…

                    dois-je

                                retourner

                                                        là

                                          où

                                 je

                            me

                     suis

          perdue ?

L'art d'être

— Que fais-tu là ?

— Je suis en train de mettre

        ces morceaux ensemble.

— Quels morceaux ?

— Les morceaux

        qui manquent à cet ensemble.

— Quel ensemble ?

— L'ensemble

        qui s'est brisé en mille morceaux.

Une impasse accueillante

J'y suis venue pour éclaircir mes pensées

pour attraper mes idées

les immobiliser

les enfermer à clé

afin de pouvoir

les comprendre

les revoir

ça y est

bien fait !...

    mais la cage est vide...

        un peu plus loin j'aperçois

            la silhouette de mes idées

    à côté de mes pensées

bras dessus bras dessous

        avec mes fantaisies

            qui font de la poésie.

Hymne au temps

Le temps vécu

le temps honoré

le temps d'antan

      les précieux moments

      malmenés

      ignorés

      oubliés avant d'être vécus

            le temps pesant

le temps tels des champs

    étendus vers l'horizon

        pleins de belles fleurs à épines

            à nous rendre ivre

      le temps à vivre.

L'amour quotidien

La routine de tous les jours
se faufile entre nous
un petit ruisseau
un rien du tout...
   — Attends, chéri,
      un moment,
         s'il te plait, patiente un peu...
Dis donc
il est gonflé
le petit ruisseau !
   — Allo ! Oui, mon amour,
      non, non, je n'ai pas oublié,
         j'y pense toujours...
Il paraît qu'il pleut beaucoup récemment
il faut que je cherche un gué...
   — Ça y est, j'ai presque tout fait,
      je rentre sans délai !

Quelle grande rivière !

    — Je te vois à peine !

Un fleuve majestueux nous sépare...

    — J'arrive !

Oh non, c'est déjà une mer !

mes yeux

                dévorent

                              l'horizon

je m'imagine te voir de l'autre côté !

Une mer ou un océan ?

La nuit tombe...

        à travers l'univers je pense à toi !

Le pendule qui pendule dans la pendule

— Où est la Lune ? Tu la vois ?
— Elle est là ! Elle se cache derrière les nuages !

existence

c'est le temps qui balance

sa confusion dans le pendule.

Tu m'échappes

Tes mots
      je ne les entends plus
les douces émotions
      qui étaient parsemées partout
            telles belles fleurs parfumées
                  sont presque fanées
les vives sensations
            de plus en plus floues
implorent les beaux jours de ne pas s'en aller
de ne pas les laisser
      dans le froid des pensées dépassées…

à mon tour
      j'implore le sort
            qu'il me fasse passer
par quelles que soient les épreuves
                  sauf l'indifférence.

Un vers peureux

Peur de la peur

de ne pas avoir peur

ni pudeur

peur cachée dans un coin de l'âme

qui a une belle peur d'elle-même

et de l'audace

qui s'installe à côté

devant laquelle

                paradent

                      gêne

                            remords

                                    orgueil

un défilé

        dont le grand spectateur

                est la tendresse

étouffée par la fierté.

Hymne à l'indépendance

Mon cœur me dit

que je vais sentir

tes lèvres

sur mes joues

jusqu'à mes derniers moments

n'y touche pas

c'est mon problème

c'est ma joie.

Chanson devenue plainte

Qu'est-elle devenue
      la chanson qu'on a oubliée ?
où s'en est-elle allée ?
qui se réchauffe le cœur auprès d'elle ?
quelles belles fleurs
            s'épanouissent
                  à cause d'elle ?
quelle mélodie surgit
        de ses rêveries ?
et la source inépuisable
        où elle s'abreuvait
accueille-t-elle toujours
            des cœurs assoiffés ?
que subit la chanson devenue plainte ?

écoute !

                    est-ce elle qui gémit ?

est-ce elle qui se promène

           l'âme nue

                  sous la Lune ?

est-ce elle qui s'endort vers l'aube

              éreintée par la longue nuit ?

est-ce elle qui rôde

        autour du bonheur qui est clôturé

qui se cache

      derrière l'ordre impeccable

              de la réalité ?

Des efforts vains ou une promesse ?

Je suis nulle part

je suis quelque part loin de chez nous

il pleut

je ne connais pas

le nom de cette rue

une petite rue mignonne

pavée

nettoyée par la pluie …

dans la rue

sur le pavé

des morceaux

de nombreux morceaux de notre monde

paradent devant moi

je veux bien les mettre en ordre

ils ne se laissent pas faire

ils courent en riant

en me taquinant

en m'incitant à les suivre

et moi

oui

je leur obéis

je suis sage

je les suis

je veux absolument les garder tous…

je les atteins

je les ramasse

morceau par morceau

grands et petits…

ça y est

je suis rassurée

je les tiens…

soudain

j'entends un rire aigu…

regardez-moi ça !

un tout petit morceau

m'examine d'un regard badin

me fait un clin d'œil

et puis disparait

derrière le coin de la rue...

je m'élance après lui

lui il rit

il court

il s'éloigne...

je le suis

je ne peux pas le laisser s'enfuir...

aussitôt

il s'arrête net...

je fais un effort de ne pas lui marcher dessus

et je laisse tomber

le reste des morceaux de notre monde...

prête à pleurer

je recommence

je recompose

morceau par morceau

le joli tableau

rien que pour me rendre compte

que je me concentre

    sur à peu près la moitié du puzzle…

        et que toi

      tu es

    de l'autre côté

  non pas moins stressé

t'appliquant

    à ranger ta part…

je laisse le petit morceau

    courir à ta rencontre…

  il paraît qu'il te reconnaît…

arriverons-nous jamais

à remettre notre monde ensemble ?

Un conseil

Quand les doutes s'emparent de toi
tire les rideaux
mieux encore
va dehors
confesse tes troubles aux oiseaux
ils vont te répondre
salue une fleur
qui pousse dans la neige prête à fondre
regarde le ciel
il va te sourire soit à travers les larmes
caresse un arbre
il va t'en remercier
adresse les étoiles
elles vont rire avec toi
et après retourne dans ton foyer
allume le feu
fais-toi un bon café et savoure ce que tu es !

Le malentendu

Ca fait mal

le malentendu

ça fait mal

      sauf que ça libère les âmes

      ça mène vers la bonne voie

      ça fait place à la joie

      qui bourgeonne

      et qui attend

      patiemment

      le moment

      de se verser dans tous les coins

      et de remplir notre existence

      de douceur inattendue.

Un des secrets de l'amour

L'amour

c'est quoi ?

le sait-on ?

c'est quand on est pardonné

avant de demander pardon.

Le miroir dans le miroir

On va créer avec des mots

de merveilleux tableaux

d'attente

de tendresse

de cette pluie qui point ne cesse

de larmes

d'éclats de rire

d'espoir

de joie

de tristesse

de jours à venir

pleins de reflets d'autrefois

redoutés

regrettés

raboutés

pour rejaillir dans le miroir de l'avenir.

Un peu de math

On remplit l'éternité d'espoir

et on l'appelle attente

on remplit l'attente d'éternité

et on l'appelle désespoir

on remplit l'espoir d'éternité

et on l'appelle impatience

on remplit l'éternité de désespoir

et on l'appelle problèmes graves

on remplit l'attente d'espoir

et on l'appelle lumière au bout du tunnel

on met tout ensemble

on appelle ça destin

et on vit sa vie.

Une lapalissade

C'est fantastique l'amour

c'est ravissant l'amour

c'est dominant l'amour

c'est très âgé l'amour

c'est tout-puissant l'amour.

L'amour le magnanime

L'amour

ça éblouit

ça intimide

ça émerveille

ça guide l'esprit

ça fait grandir l'âme

ça rejette les doutes

ça sème des fleurs

                    de bonheur

                            de désire d'être

                                      coûte que coûte...

l'amour

le magnanime

nous apprend à aimer la vie.

Les chars soviétiques dans les rues de Vilnius
le 13 janvier 1991

Il y a quelques jours

le monde était jeune

on pouvait chanter

on pouvait danser

on pouvait parler

on pouvait penser

maintenant

quand on est tellement âgé

quand on a l'expérience de « je n'y peux rien »

sur nos épaules de nouveau posée

nos pensées nous amènent à l'essence

de notre existence

de notre histoire

de nos débuts

vus dans le miroir de nos espoirs le cœur à nu.

Mon être aplati

Je me disperse

Je me dissous

je suis un peu partout

il ne me reste rien de moi

je sens les bouts de mes doigts

à l'autre bout de notre monde

je me vois en mille morceaux

je me disperse

je me dissous.

La guerre à la télé

On regarde la fin d'une guerre
on est plongé dans un fauteuil
c'est la fin d'une rubrique...

> une femme pleure
> dans une maison
> dans une ruelle
> dans un coin perdu...

on étale le « nous avons raison »
auprès de la maison
où son fils n'est pas revenu.

Il s'appelait George...

Mémoire saturée fixant
      l'expansion de la courbe du temps
qui étire l'univers
         tout en traînant
              un corps céleste
    habité par des minuscules géants
appelés humanité...

une image figée

de l'humanité

contemplant

une mort

prématurée

insensée

impossible à embrasser.

L'hiver en plein été

Il neige en juillet

il neige

les fleurs

baissent leurs têtes

et touchent le sol

toujours plein de chaleur.

La perte

Engourdis par les nuages
              qui couvraient le ciel
                            quand il faisait mauvais temps
fascinés par la joie partagée
                            quand il faisait soleil
émerveillés par la grâce de l'oiseau
        volant à son aise dans le jardin printanier...
et puis

tout est détruit

rompu

brulé

perdu

anéanti

sauf les doux souvenirs

qui ont survécu

et qui gisent sous le soleil éternel.

Des cris sans vie

On descend le cercueil de mon mari.

Mon être implore :

« Attendez, attendez que les enfants le touchent

pour la dernière fois ! »

Et rien ne sort de moi, pas de son, pas de cri,

pas de vie …

Feuilles mourantes

Le vert de la vie
              est jonché par le jaune de la mort
    ce merveilleux tapis
            sur lequel
l'amour rêve
       l'amour pleure
              l'amour se meurt.

La tombe du bien-aimé

Ici gît la peine

la lune la veille

le soleil lui sourit

le vent la berce

et la pluie lui chante

        la chanson éternelle de l'oubli.

Tout ça c'est vrai

sauf que la peine

on ne peut pas l'enterrer.

Le règne du noir

Une salle toute noire :

les lampes

les murs

les fenêtres

les visages

les odeurs

noirs

la silhouette sombre de mon amie

et d'une autre amie

                en face

le plafond

      qui se confond

           avec le plancher

                et qui l'écrase

les conversations

      absorbées par la rumeur de la rue

tout sentait le noir…

les cris d'un bébé perçaient la noirceur

tel un défi à la sagesse

        de la réconciliation

                avec la mort …

elle

l'impitoyable

nous fait promener

dans leur nudité noire

nos sentiments des êtres désespérés

qui se croient capables de les étouffer

et c'est toujours elle

qui couronne le rituel

en nous lançant

        d'un geste large

                l'espoir noir.

Le désespoir

Il est vide

telle la nuit qui ne tarde pas

telle une nouvelle qui meurtrit

    il est sans couleur

    telle une vie sans amour

        il est gris

        tel un jour sans lumière

mais non

il est noir

tout à fait noir

le désespoir.

On dit que les chats ont le nez froid

C'est une torture

c'est un tourment

mouvements

            ralentis

            suspendus

sensations alourdies

un monde tordu

se jetant la tête la première

vers l'hiver en plein été

impossible à supporter…

et les yeux d'un chat au nez froid

me regardant de ce coin-là

                        là-bas.

Des milliers de gouttes de temps

Il y a des milliers de gouttes de temps

                        je me sentais heureuse

des milliers de gouttes de temps

                        se sont égouttés

et maintenant

je contemple les gouttes de temps

qui font déborder de larmes

mon horloge

qui pleure ses meilleures heures.

Le pendule qui pendule dans la pendule

Le vent gémit !

pas d'étoiles cette nuit !

existence

c'est le temps qui balance

son chagrin dans le pendule.

Une pluie d'automne

Une pluie d'automne

qui est morne

qui tombe d'un ciel gris et sombre…

      je voudrais

                tellement

                            entendre

    une phrase

    un mot

    un chuchotement !

Il n'y a que le silence

        un silence qui résonne.

L'aube au crépuscule ou le crépuscule à l'aube

Sais-tu transformer la douleur en douceur ?

Sais-tu rire quand tu veux tellement pleurer ?

Sais-tu sourire à la dérobée

afin de ne pas laisser entrer

le désespoir ni l'amertume

par la porte béante de ton âme

arrosée par la rosée

des larmes douces

larmes amères

des moments à chérir

déjà devenus souvenirs ?

Problème de choix

Entre les larmes de la nuit

et les réflexions du jour

je conçois ma poésie

j'y mets toutes mes pensées

j'amasse mes angoisses

j'assemble mon cœur

                        déchiré

                                      fatigué

      trainé à travers les rivières amères...

entre les éclaircissements de la nuit

                        et les éclipses du jour

            je fais face à mes mots

je les tourne et retourne

            je laisse le vent les emporter

et puis

      je veux les rattraper...

je cours

    je crois avancer…

        les voilà devant moi

            je les vois s'éloigner…

tout compte fait

            pour y arriver

        je dois

    aller

   à contre-

courant.

Le grand saint Eloi l'attesterait

Un peu sans raison
un peu d'autre façon que le reste du monde
un peu sais pas pourquoi
un peu sais pas comment
un peu comme tous souffrant
et plutôt espérant
je mène ma vie
mon existence
mon je suis comme ça...

    Il est très difficile et certainement inutile
    de tâcher de faire marcher
        un voilier contre le vent
    et de crier à travers l'ouragan...
    mais ce qui n'est sans aucun doute
            pas raisonnable
    c'est de mettre sa culotte à l'envers.

Maladie

Les larmes coulent

les lignes sautent

les idées s'écroulent

    comme une falaise au bord de la mer...

    — Tiens ! Des sons de musique,

        des sons d'une méchante musique !

    — Tu dis ?

    — Une mélodie !

        Tirez les stores, je vous en prie !

L'énergie de l'esprit bloqué

Les boutons de fleurs
        gelés avant d'éclore
                à accepter
les craintes
    à maîtriser
les rivières de paroles
        et les torrents de silence
                à subir
    le restant
           de la vie
                à parcourir
dans le froid des boutons gelés
    à travers les sentiments étouffés
        par l'énergie de l'esprit bloqué.

Une source tarie

Perceptions mutilées

sensations opaques

une page intacte

toujours intacte

toujours blanche à me faire mal aux yeux…

pluies de paroles écoulées

pourrais-je les suivre ?

comment retrouver

la vieille chanson

des avenirs imaginés

soit avec du guignon

et l'état exalté face à la beauté à me rendre ivre ?

Qui vivra verra

Quand la passion devient tendresse
quand la tendresse devient vestige...

Comme le monde a changé !

La simple phrase « qui vivra verra »
que l'on prononçait sans trop y penser
a acquis maintenant
un sens lourd et sinistre !

Mon monde égaré

La peine l'emporte sur l'espoir

le doute se glisse dans la patience

le téléphone

      dont le numéro on formait sans y penser

            ne répond plus.

Le détachement (à Venise)

Je suis dans un coin perdu

un des plus connu

dans notre monde …

les ondes du sort

m'y ont amenée…

je reste dans un café

à une table

dans un coin

je me crois cachée

je regarde les gens passer devant les vitres

la plupart sont touristes.

Hymne à la dépression

Le message que je t'envoie

quelque déprimant qu'il soit

je n'en ai pas d'autre...

en fin de compte

n'exagère-t-on pas

en rejetant

tout ce qui est de déprimant

si cette vie nous déprime tant ?

A bout de souffle

Le vent me perce

l'air frais me tourmente

le ciel me tombe dessus

la nuit dure trop longtemps

la vie me fait mal.

Au bout du tunnel

Est-il possible

que le vent me caresse

que l'air frais m'apaise

que le ciel se calme sur mes épaules

que je confronte la nuit

que je savoure mes jours

et que les flots du temps

tout doucement

me déposent un soir

sur une marée haute ?

La vie telle une rivière

Où se sont-elles allées
    les petites lueurs de lumière
        qui dansaient sur les sentiers
    que je prenais
qui bondissaient devant moi
        en m'éclairant la voie
    la voie de ma vie
        telle une rivière ?
tout est en l'air
            sensations
        illusions
      sentiments
    soulevés
déplacés
    emportés par le vent
        où vont-ils atterrir ?

Le renoncement

Je vais garder

mes yeux fermés

à jamais

de peur

que les ruisseaux de peur

ne finissent par s'en sauver.

La solitude au cœur d'un lieu public

Seule entre tous ces gens

qui se connaissent

qui se parlent

qui passent du temps ensemble

qui se perdent

        qui se cherchent

                qui se retrouvent

qui se donnent rendez-vous

qui ratent des rendez-vous

qui rendent fous

leurs copains

leurs copines

et qui s'adorent

qui tournent la tige de la rose

        les épines les premières

et qui après tout se le pardonnent

qui restent l'un près de l'autre

côte à côte

qui tricotent

leurs liaisons

prétentions

aspirations

qui s'entendent

tant bien que mal

et ceux qui se cherchent

après avoir perdu

une amitié

une passion

un amour

un être cher

ceux qui regardent autour

en contemplant

tous ces gens

qui se connaissent

qui se parlent

qui passent du temps ensemble.

Champs infinis

Une joie qui résonne
        comme la neige sous les pieds
un corps plein de vie
            de caprices
                de reflets des souvenirs
      que l'âme porte
l'âme
      ensorcelée
        par l'odeur
            des champs infinis…

quel triomphe

de les bâtir seule

tous ces châteaux en Espagne !

La raison d'être

Quand j'ai mal

quand mon âme grince sous le poids de la peine

j'essaie de penser à une autre âme

qui en succombe

qui est épuisée

par une vie de misère

par des coups du sort inattendus

par des pertes imprévues

      dans le brouillard des infortunes

cette âme

aurait-elle besoin de moi ?

du coup je ne me sens pas tellement seule.

Hymne à l'esprit

Il n'a pas besoin de nom

parce que lui c'est l'esprit

il n'a pas besoin de gloire

parce que lui c'est lui

moi je ne réussis pas

à finir ma poésie

parce que lui

il n'en a pas besoin.

Un bel après-midi d'hiver

J'essaie d'entendre mes pensées

j'essaie de me placer

      dans le tumulte des conversations

            entre les gens

         qui m'entourent

      ce bel après-midi...

il y a des entretiens

      de ceux qui se connaissent à peine

    ou des causeries des vieux amis

un bel après-midi

    un bel après-midi d'hiver

      dans une des villes perdues

        sur la planète Terre.

Le monde qui sourit

Cette dame-là

je lui ai demandé l'heure qu'il était

elle m'a rendu un sourire à m'ensoleiller l'âme...

cet homme-là

je l'ai remercié de m'avoir ouvert la porte

il m'a illuminé le passage même...

ce gamin-là

je lui ai dit : « Salut ! » -

il m'a fait cadeau d'une grimace...

et la petite qui se cachait derrière sa mère

en me regardant de côté

              et en suçant son pouce

il lui manquaient déjà pas mal de dents...

plus tard

      quand j'étais absorbée dans mes pensées

une jeune femme m'a fait sortir de mes rêveries :

« Hey babe! What's up? How are you? »

Le banc qui reste toujours le même

De nouveau notre ville

notre douce ville

de nouveau notre banc

le banc qui m'attend

je lui confesse mes faiblesses

je lui avoue mes doutes

et lui

le banc

il m'écoute

patient

il tolère mes larmes

il me sourit

en vieil ami.

Hymne à la compassion

On avance tout doucement

en causant

en pleurant

en partageant

un morceau de pensée bouleversée

une poignée de douleur

un souffle de tristesse

un soupir

et on éveille

un sourire

un souffle d'allégresse

de la lumière par poignées

des morceaux d'amitié à partager

en écoutant

en pleurant

en riant

on avance tout doucement.

Impossible à nommer

Fils de blé

couchés sur les champs desséchés

des jouets par terre

une abeille assoiffée

qui avance à tâtons sur le béton...

encore une guerre...

Le pendule qui pendule dans la pendule

Pas de lumière

pas de nuages

images floues

existence

c'est le temps qui balance

sa fragilité dans le pendule.

Une plante abandonnée

Un ordre parfait d'un établissement fermé

tout nettoyé...

sur un comptoir

près d'une fenêtre énorme

une plante abandonnée

elle se nourrit

des gouttes de sève

qui vivent toujours dans ses tiges affaiblies

elle est exténuée

au milieu

de ce bâtiment somptueux

rien que verre et béton

un vrai chef-d'œuvre d'aujourd'hui.

Hymne à une feuille

Elle s'apprête
        pour sa dernière danse
une feuille
    quintessence
        des sentiments
            automnaux
une feuille qui sourit
        entourée d'un halo
            un superbe anneau
un recueil
    de rêves
        d'images
            d'attentes
de pertes
    d'échecs
        de regrets
            de succès

vécus sous le ciel

sous la pluie

près des nuages

une feuille

                    qui vit

                                  encore

une feuille

          qui résiste

                    aux rafales de vent du nord

la feuille qui prend son temps pour tomber.

Les derniers moments d'une feuille

Encore une feuille superbe
                s'est détachée de l'arbre
elle tombait
                en voltigeant
                              supportée
                                            par le vent
après
        elle a tout simplement touché le sol...

sur des sentiers battus
                elle s'est perdue
                              pour se dissoudre
                dans le mouvement éternel
qu'on appelle vie.

Valse des saisons

On est en tête-à-tête

avec des idées sombres qui sombrent

                         dans l'épaisseur

               des longs crépuscules d'hiver

avec des journées douces

           qui se la coulent douce

                    et se dissolvent

           dans les soirs de printemps

avec des images étincelantes

                qui pendent de la pente

                 d'une belle vallée

                      en plein été

avec des feuilles d'automne

     qui s'élancent dans leurs dernière danse.

Une petite maison

Dans la banlieue de ma mémoire
    il y a une petite maison
        cachée dans les courbes de l'espoir
mon esprit aime bien la visiter
parfois c'est de là-bas
    qu'il s'envole à la rencontre
        avec le doux désordre quotidien
            que nous apporte le vent…
les ailes du vent
    avec le temps
        s'alourdissent
            se ralentissent
bref
    elles prennent de l'âge
tant mieux
elles me laissent flotter
sur mon petit nuage.

Autoportrait à un certain âge

Je suis un peu perdue...

c'est que j'ai laissé le sort
        entamer de moi à plusieurs fois

et quand même
    il y en a toujours pas mal de moi...

dorénavant
    je ne vais plus jamais laisser personne
                en couper de moi
car je vise à porter fière les restes de moi.

Le moment présent

Je pense et je repense
à cette vie parcourue
à ce chemin inachevé
à ce qui est déjà dans le passé
à ce qui est à parcourir
et je salue le maintenant
les moments où l'on sent
qu'on vit
qu'on respire
qu'on aspire à vivre encore des moments
    où l'on pense et repense
    à cette vie parcourue
    à ce chemin inachevé
    aux erreurs du passé
    aux énigmes de l'avenir
    dorloté par le doux moment présent.

Hymne à la vieillesse

Les rides apparaissent
           un peu de rides
                      plus de rides
                                plein de rides

le vent me les caresse

dans chaque ride se cache le temps
       un peu de temps
              plus de temps
                        plein de temps.

Le miroir à l'envers

Ce n'est pas avec regret

que j'y pense

à la jeunesse

mais c'est avec beaucoup de tendresse

et de révérence envers le sort :

espoirs

illusions

tentatives

faux pas

bons choix

y appartiennent...

après tout

à présent

au seuil de la vieillesse

je retrouve

espoirs

illusions

tentatives

bien chez eux dans mon cœur…

Et je m'adresse au sort

avec la même révérence :

« Puis-je les prendre avec moi

dans le pays des âgés ? »

Le sort me sourit

avec indulgence :

« Comme si tu pourrais t'en passer ! »

Où commence la vieillesse ?

Et bien jusqu'à quel point je vais la regarder
                         cette feuille intacte
ce symbole
            de froideur
                   d'aridité ?
par sa blancheur aveuglante
            en plénitude de sa beauté
                   elle voile ma vision dissipée
       qui est si loin tout près de moi…
attend-elle que je franchisse
            le seuil de la vieillesse
pour voir si j'y apporte
                la même passion
                      la même ténacité
     en compagnie des fantaisies
                d'une rêveuse incurable ?

    et la vieillesse

        va-t-elle les accepter

            ou bien elle va jeter dehors

                tous mes efforts ?

va-t-elle m'ordonner

        de me débarrasser de mon passé

    et me faire avancer

        sous le brouhaha de mes rêves

            à moitié oubliés ?

va-t-elle me pousser tout doucement

    et me faire partir

        en admirant les fleurs

            chemin faisant ?

Il paraît que j'ai le temps

car c'est à l'horizon que la vieillesse m'attend.

Le pendule qui pendule dans la pendule

Ciel infini

souvenirs

existence

c'est le temps qui balance

son trajet dans le pendule.

La fin de mon être

Les oiseaux vont s'empresser vers l'horizon
où il ne fait pas froid
et moi je ne vais pas être là…
cette pensée est-elle triste ? sinistre ?
me fait-elle peur ?
elle m'incite plutôt
à respirer à pleins poumons
à regarder autour
regarder et voir
écouter et entendre
sentir et dire
accepter
croire
embrasser ce monde qui est toujours là
pour nous
pour moi.

Un aveu sur la joie de vivre

Ça marche vite

            ça accélère

                        de plus en plus…

j'y suis toujours

            en ce moment j'y suis

                        pour le moment j'y suis

et oui

            depuis un moment

                        en hiver

j'espère me réjouir d'encore un printemps.

Chapeau bas à mon jardin

Je veux continuer de planter mon jardin
        d'anticiper l'arrivée de la joie
    de son séjour passager
dans les sourires indulgents des fleurs
          à la vision de mes illusions
      qui s'épanouissent
grâce à tout ce qui est vivant dans mon jardin.

Remerciements au français

A cette langue
      qui m'a tenu compagnie
      qui m'a écoutée
      qui m'a inspirée
      qui a partagé ma solitude
      qui ne m'a pas laissé trop pleurer
            en m'offrant des calembours
en riant avec moi et de moi
      quand je marchais auprès d'elle
            émerveillée
          la tête dans les nuages
      l'imitant
      l'implorant de ne pas s'en aller...
mille mercis au français !

A mon sort

Parfois tu m'appréciais

parfois tu me châtiais

parfois tu me déroutais

à chaque fois

tu me tendais la main

afin de m'aider à me lever

et me voilà enfin

bien que pas trop pressée

prête à me séparer de toi.

Une ligne d'espoir

Un oiseau blessé

un oiseau qui ne peut plus voler

un oiseau dont les ailes

sont dépourvues de force

et dont le cœur s'éteint

par des battements ralentis...

son âme s'efforce

de ne pas quitter le corps

son souffle affaibli

s'accroche à lui-même

son regard fixe les nuages

un regard errant

      essayant de tracer

           la voie vers l'horizon

                  une ligne d'espoir.

Hymne à l'espoir

Des larmes coulent sur le visage
                    larmes sans cause…
    de fatigue ?
    d'impatience ?
    d'impuissance ? …

la fatigue va passer
l'impatience va apprendre à patienter
l'impuissance va puiser des forces
                    dans l'espoir
l'espoir
      va traverser
           l'horizon
                et moi
                      je vais le suivre.

Le pendule qui pendule dans la pendule

Qu'ils sont beaux ces nuages-là !

font-ils bercer l'existence ?

c'est le temps qui balance

son espoir dans le pendule.

L'horizon est toujours à l'horizon

et moi je vais toujours droit devant moi...

il faut que je me dépêche

      qui sait quand on va y arriver

                          à l'horizon

là où les guerres s'éteignent

où bourgeonne la paix

où survit l'abeille !

Table des matières

Prélude	3
Dédicace	4
Carte d'identité	5
On y va ?	6
Corps de vers	7
Codru sous la Lune	8
A Chisinau	9
La complaisance	10
A la recherche du temps où l'on chantait	11
L'espace et le temps	12
Un couple étrange	13
Rêve ou réalité ?	14
Face à la réalité	15
La rupture	16
Le soulagement	17
Le pendule qui pendule dans la pendule	18
Le temps qui fait du toboggan	19
Le poids du jamais	20
Quelle embrouille !	21
La routine	22
La vie	23
Mendiant... mendier	24
Le mendiant	25
On a beau avoir l'intention	26
L'esprit qui rôde à la recherche de l'espoir	27
Hymne aux ailes	28
Le printemps en hiver	30
Les ondes du silence de la musique	31
Peur du bonheur	32
La joie d'être	33
Le pendule qui pendule dans la pendule	34

Hymne à l'amour	*35*
Tableau du bonheur	*36*
Un horaire impeccable	*37*
Couleur café	*38*
Le même café	*39*
Chez les bonnes gens	*40*
A l'atelier de mon oncle	*42*
Une ville trempée	*43*
Hymne à l'humeur	*44*
Le secret d'être	*45*
Hymne au bonheur	*46*
Notre monde	*47*
La clôture	*48*
Le pendule qui pendule dans la pendule	*49*
Très très loin	*50*
Face à l'éternité	*52*
A Seattle	*53*
Un jour comme tous les autres	*54*
Une pluie à aimer	*55*
L'élan poétique d'une soirée banale	*56*
L'aube au centre-ville	*57*
Petit Thomas	*58*
Hymne au travail	*59*
Les bouts des pensées emmêlées	*60*
D'abord, ensuite et enfin	*62*
Le moment	*63*
Le tôt et le tard	*64*
Le tôt, le tard et le trop tard	*65*
Le cafard	*66*
Une baliverne	*67*
Encore une baliverne	*68*
Ivraisie ou poévresse	*69*
Hymne au quotidien	*70*
Perpetuum mobile	*71*

L'euphorie de l'illusion	72
Un collage de belles images	73
Une nuit blanche à aimer	74
L'inspiration	75
La frénésie de la création	76
Messagers appliqués	78
Un mot perdu	79
Les beaux mots	80
Une acceptation totale	81
Le cache-cache	82
L'amitié c'est quoi ?	83
La voix de mon amie	84
Le levain de l'amitié	85
Une nuit d'hiver	86
La mort du temps	87
L'eau qui fait rouler la pierre	88
Je me cherche	90
L'art d'être	91
Une impasse accueillante	92
Hymne au temps	93
L'amour quotidien	94
Le pendule qui pendule dans la pendule	96
Tu m'échappes	97
Un vers peureux	98
Hymne à l'indépendance	99
Chanson devenue plainte	100
Des efforts vains ou une promesse ?	102
Un conseil	106
Le malentendu	107
Un des secrets de l'amour	108
Le miroir dans le miroir	109
Un peu de math	110
Une lapalissade	111
L'amour le magnanime	112

Les chars soviétiques dans les rues de Vilnius	*113*
Mon être aplati	*114*
La guerre à la télé	*115*
Il s'appelait George	*116*
L'hiver en plein été	*117*
La perte	*118*
Des cris sans vie	*119*
Feuilles mourantes	*120*
La tombe du bien-aimé	*121*
Le règne du noir	*122*
Le désespoir	*124*
On dit que les chats ont le nez froid	*125*
Des milliers de gouttes de temps	*126*
Le pendule qui pendule dans la pendule	*127*
Une pluie d'automne	*128*
L'aube au crépuscule ou le crépuscule à l'aube	*129*
Problème de choix	*130*
Le grand saint Eloi l'attesterait	*132*
Maladie	*133*
L'énergie de l'esprit bloqué	*134*
Une source tarie	*135*
Qui vivra verra	*136*
Mon monde égaré	*137*
Le détachement (à Venise)	*138*
Hymne à la dépression	*139*
A bout de souffle	*140*
Au bout du tunnel	*141*
La vie telle une rivière	*142*
Le renoncement	*143*
La solitude au cœur d'un lieu public	*144*
Champs infinis	*146*
La raison d'être	*147*
Hymne à l'esprit	*148*
Un bel après-midi d'hiver	*149*

Le monde qui sourit	*150*
Le banc qui reste toujours le même	*151*
Hymne à la compassion	*152*
Impossible à nommer	*153*
Le pendule qui pendule dans la pendule	*154*
Une plante abandonnée	*155*
Hymne à une feuille	*156*
Les derniers moments d'une feuille	*158*
Valse des saisons	*159*
Une petite maison	*160*
Autoportrait à un certain âge	*161*
Le moment présent	*162*
Hymne à la vieillesse	*163*
Le miroir à l'envers	*164*
Où commence la vieillesse ?	*166*
Le pendule qui pendule dans la pendule	*168*
La fin de mon être	*169*
Un aveu sur la joie de vivre	*170*
Chapeau bas à mon jardin	*171*
Remerciements au français	*172*
A mon sort	*173*
Une ligne d'espoir	*174*
Hymne à l'espoir	*175*
Le pendule qui pendule dans la pendule	*176*
L'horizon est toujours à l'horizon	*177*

Copyright © 2024 by Lydia Condrea

All rights reserved

ISBN 978-0-9839063-8-4